FACULTÉ DE DROIT DE PARIS.

POUR LA LICENCE

L'Acte public sur les matières ci-après sera soutenu,
le lundi 21 août 1854, à deux heures,

Par Pierre-Émile BILLION DU ROUSSET, né à Valence (Drôme).

Président : **M. DE PORTETS**, Professeur.

Suffragants :
{ MM. **DURANTON**,
DEMANTE, } Professeurs.
ROUSTAIN,
COLMET DE SANTERRE, } Suppléants.

*Le Candidat répondra en outre aux questions qui lui seront faites
sur les autres matières de l'enseignement.*

PARIS.

VINCHON, FILS ET SUCCESSEUR DE Mme Ve BALLARD,
Imprimeur de la Faculté de Droit.
RUE J.-J. ROUSSEAU, 8.

1854.

A MON PÈRE, A MA MÈRE

———

A MON ONCLE.

JUS ROMANUM.

DE OBLIGATIONIBUS ET ACTIONIBUS.
(Dig., lib. xliv, tit. 7.)

Obligatio est juris vinculum, quo necessitate astringimur alicujus solvendæ rei, secundum nostræ civitatis jura. Ideo obligationum substantia non in eo consistit, ut aliquod corpus nostrum aut servitutem nostram faciat, sed ut alium nobis obstringat ad dandum aliquid, vel faciendum, vel præstandum.

Dividuntur obligationes in civiles et naturales. Civiles sunt, ex quibus actio nascitur; naturales sunt quæ non solum non pariunt actionem, sed etiam ex quibus recte solvitur, ita ut solutum repeti non possit; sunt et istis alii plures effectus, nam ad illarum exemplum dant locum compensationi, pignori, fidejussorum accessioni.

Altera obligationum summa divisio secundum originem in duo genera deducitur, namque aut civiles sunt, aut prætoriæ: civiles quæ aut legibus constitutæ aut jure civili comprobatæ:

prætoriæ vel etiam honorariæ quas ex sua jurisdictione prætor constituit.

Ex pluribus causis nascuntur obligationes : aut ex contractu, aut ex maleficio, aut proprio quodam jure ex variis causarum figuris.

Obligationum ex contractu æque quatuor sunt species : aut enim re contrahuntur, aut verbis, aut litteris, aut consensu; quarum h. t., l. 1, tertiam omisit Gaius, id est litterarum obligationem.

Re contrahitur obligatio mutui datione, commodato, deposito et pignore. Mutui datio consistit in iis rebus quæ pondere, numero mensurave constant, quas res in hoc damus ut accipientium fiant, et deinde alias recepturi, ejusdem naturæ et qualitatis. Is cui res aliqua utenda datur, id est commodatur, re obligatur; sed ab eo qui mutuum accepit, longe distat; namque non ita res datur ut ejus fiat et de ea re ipsa restituenda tenetur. Præterea et is apud quem res aliqua deponitur, et creditor qui pignus accepit, re obligantur, quia et ipsi, de ea re quam acceperunt restituenda tenentur. Ad eas obligationes referre oportet quatuor classes contractuum innominatorum, in quibus, si quid dederim aut fecerim ea conventione inter nos ut tu vicissim quid dares aut faceres, ex re, id est, ex eo quod dederim aut fecerim, obligaris.

Verbis obligatio contrahitur stipulatione, verbi gratia, *spondes, spondeo*.

Litteris contrahitur scriptura.

Consensu, in emptionibus-venditionibus, locationibus-conductionibus, societatibus, mandatis. Etiam inter absentes istæ obligationes æque contrahuntur, veluti per epistolam vel nuntium, quia neque verbis, neque scriptura, neque reorum præsentia omnimodo opus est : nec non sufficit eos qui negotia gerunt consentire. Sed et nutu solo pleraque consistunt.

Hoc tamen quod hic dicimus ita accipiendum est, ut in omnibus cujuscumque generis contractibus consensus requiratur, sed consensum solum in postrema specie requiri.

Expositis obligationum generibus quæ ex contractu, de iis quæ ex maleficio nascuntur dispiciamus. Dum illæ quidem in quatuor genera dividuntur, hæ vero unius generis sunt, nam omnes ex re nascuntur, id est, ipso maleficio, veluti ex furto, ex damno, ex rapina, ex injuria ; in hoc consistunt ut qui delictum admisit, damnum sarcire teneatur.

Diximus proprio quodam jure ex variis causarum figuris obligationes nasci ; ad illas causarum figuras referre oportet innumera genera obligationum quæ neque ex contractu neque ex delicto nascuntur, sed ex lege vel æquitate ; et præcipue quæ quasi ex contractu vel quasi ex delicto nascuntur. Ex quibus quasdam subjiciemus ; (quasi ex contractu) negotia gesta sine mandato, tutela, hereditatis aditio, per quam hæres legatariis et fideicommissariis obligatur; deinde, solutio indebiti ; (quasi ex delicto) si judex litem suam fecerit ; is quoque ex cujus cænaculo, vel proprio, vel conducto, vel in quo gratis habitabat, quis dejecerit effuseritve aliquid ut cuidam noceret, quasi ex delicto tenetur. Item is qui ea parte qua iter fieri solet aliquid positum aut suspensum esse sinit, quod cadendo potest alicui nocere. Item etiam exercitor navis aut cauponæ, aut stabuli propter damnum vel furtum in nave, caupana, stabulove commissum, dummodo ipsius exercitoris nullum sit delictum, sed alicujus in nave, caupona, stabulove opera exercentis.

Ut contrahi possit obligatio, duarum personarum interventio necessaria est, scilicet is qui obligationem contrahit, et is erga quem contrahatur.

Obligari potest vel paterfamilias, vel filiusfamilias, pubes compos mentis, excepta pro filiisfamilias ex senatusconsulto **Macedoniano** causa mutui.

Pupillus sine tutoris auctoritate contrahens non obligatur jure civili; nequidem etiam naturali mutuam pecuniam accipiendo obligatur.

Furiosus quoque, non obligari potest nequidem ex curatoris assensu; item prodigus cui bonis interdictum est, quia nulla eis voluntas est, morbi autem et vitia corporis non impediunt quominus obligatio valeat.

Servi ex contractibus non obligantur, sed hoc ita accipiendum, ut non obligatio civilis sit; namque naturaliter et obligantur et obligant; posteaquam igitur manumissi fuerunt, conveniri non possunt, quod ad civilem obligationem pertinet, de casu quidem quo ex contractu obligantur; nam ex delictis contra obligatio illorum valet, et post manumissionem remanet.

Obligatio contrahi potest, non solum erga mentis compotes, sed etiam erga rationis expertes.

De iis qui alieni juris sunt, et qui ob eam causam nihil proprium habere possunt, neminem erga se obligant, excepta castrensis peculii causa; per illos tantum contrahitur erga eos in quorum potestate sunt.

Excepta quoque illa peculii castrensis causa, inter eas personas quarum altera alterius in potestate est, contrahi obligatio non potest, veluti inter patrem et filium istius juri subditum : v. g. si stipulanti filio spondeat pater, aut contra; multoque magis nulla inter dominum et servum contrahi obligatio potest.

Obligationes nobis adquirere possumus non solum per nosmetipsos sed etiam per eos nostro juri subditos, ut jam supra diximus, veluti per servos et filios nostros; item, sed tantum ex certis causis, per servos quorum usumfructum habemus, aut eos quos bona fide possidemus. Nulla autem nobis per extraneas personas obligatio adquiri potest.

Nullo tandem casu, jure civili per alium obligamur nisi per eum cujus heredes sumus.

Præcipuæ obligationum causæ, id est accidentales qualitates, sunt dies, conditio, modus, accessio.

Circa diem, vel ex die incipit obligatio vel confertur ad diem.

Conditionis effectus est, ut, donec existit, obligationem suspendat. Conditio vero non efficax est quando post perfectam obligationem ponitur; in constituenda obligatione inseri necesse est.

Modus est cum illam aut illam rem stipulamur; alterius solutio totam interimit obligationem.

Accessio tandem in obligatione aut personæ aut rei fit : *personæ*, si mihi aut Titio stipulor; et hoc accipiendum est, non ut Titio obligatio quæratur, sed ut ei solvi possit, solutioque illa perinde habeatur ac si mihi ipsi facta esset. *Rei*, quum mihi decem aut Titio hominem stipulor.

Actio ex obligatione nascitur; nihil aliud est quam jus persequendi judicio quod sibi debeatur.

Variæ sunt actionum divisiones et hoc titulo plurimæ designatæ.

Actiones sunt : *in rem*, per quas rem nostram a possessore petimus; *in personam*, per quas intendimus adversarium nobis dare aut facere oportere; *mixtæ*, scilicet tam in rem quam in personam, utputa finium regundorum, et ita dicuntur quod et vindicationem quamdam contineant, et simul multas personales præstationes.

Istæ quidem actiones quas exposuimus, etsi quæ sunt similes, ex legitimis et civilibus causis descendunt, dicunturque ob illud *civiles*; aliæ autem sunt quæ ex honorario jure proficiscuntur, dicunturque *prætoriæ*.

Actionum aliæ sunt *rei persecutoriæ*, aliæ *pœnales*, aliæ *mixtæ*, quibus rem simul et pœnam persequimur.

Omnes actiones vel in simplum conceptæ sunt, vel in duplum, vel in triplum, vel in quadruplum, nunquam autem ulterius.

Quædam sunt stricti juris, quædam bonæ fidei, quædam arbitrariæ, scilicet ex arbitrio judicis pendentes.

Sunt præterea quædam, quibus non solidum quod nobis debetur, persequimur, sed modo solidum, modo minus.

Actiones dividuntur ex duratione earum, in perpetuas et temporales. Perpetuæ sunt omnes civiles actiones, honorariæ autem quædam perpetuæ, quædam annuæ.

Certæ actiones in heredem cæterosque successores dantur, certæ heredi, sed non in heredem, certæ tandem nec heredi nec in heredem.

Plerumque actiones simplices sunt eo sensu quod æqualis sit condemnatio sive debitor confiteatur sive inficietur. Sed etiam exstant quædam, quæ inficiatione duplantur, unde dicuntur duplices.

Denique actiones nobis et contra nos competunt vel directe, contractu factove nostro, vel indirecte, ut supra de obligationibus diximus, propter res nostras veluti facto ejus qui in nostra potestate est.

Sæpe contingit ut ex eadem re et ex eadem causa plures competant actiones, unde quæritur, an, una intentata, altera adhuc agi possit. De hac quæstione generaliter dicendum pluribus actionibus uti posse, unamque electam aliam non perimere.

Plures tamen casus distinguendi sunt.

Quum plures actiones rei persecutoriæ de eadem re concurrunt, alia aliam perimit, ut si cum eo, cui rem commodavero, commodati actione egerim, amplius non potero condictione agere, quia illæ duæ actiones ad idem tendunt, et bona fides non patitur ut bis idem et de eadem re exigatur.

Si actio pure pœnalis concurrat cum rei persecutoria, altera alteram non perimet; hinc si res furto ablata sit, et per actionem furti duplum vel quadruplum præstitum sit, non dubium quin actor et actionem furti et condictionem habeat.

De casu quo altera actio est rei persecutoria altera mixta, alia aliam consumit, quatenus tamen mixta aliam continet, nam, pro eo quod non continet, alia aliam non consumit.

Denique quum ex uno delicto plures nascuntur actiones pœnales, omnibus experiri permittitur; ut, si quis verberaverit servum meum in mei contumeliam, mihi competunt actio legis Aquiliæ et actio injuriarum, nec una intentata aliam perimit.

Plane si diversis personis ejusdem rei vel facti nomine plures competant actiones, non dubium est quin quisque actionem sibi competentem intentare possit; veluti, si uxori meæ filiæ familias injuria facta est, tribus competit actio injuriarum, scilicet uxori, marito et patrifamilias.

POSITIONES.

I. An Publiciana perpetuo valeat? — Distinguendum : anno mori, si rescissa usucapione reddatur.

II. An lex 22, *De obligationibus et actionibus*, « cum quis in diem..., etc. » pugnet cum lege ultima, *de condictione triticaria*, « si merx aliqua..., etc. » — Has leges conciliari posse.

III. Pupillus, pubertati proximus, sine tutoris auctoritate non obligatur jure civili. An jure naturali obligetur? — Non obligari.

IV. Si quis liberum hominem stipulatus sit, eum liberum ignorans, an inutilis sit stipulatio? — Inutilem esse.

V. Quum ex uno delicto plures nascuntur actiones pœnales, an omnibus experiri permittatur? — Permitti.

DROIT FRANÇAIS.

(Cod. Nap., liv. 3, tit. 3, chap. 4, art. 1168-1196; art. 1226-1233.)

La loi traite, dans ce chapitre, des différentes modalités qui peuvent affecter les obligations, et divise sous six sections distinctes les obligations en six espèces qu'il nomme :
Conditionnelles,
A terme,
Alternatives,
Solidaires,
Divisibles et indivisibles,
Avec clause pénale.
Nous ne parlerons que des trois premières et de la dernière espèce.

DES OBLIGATIONS CONDITIONNELLES.

La condition est un événement à la fois futur et incertain dont dépend l'existence d'un droit.

Telle est la définition que l'on tire de l'art. 1168, qui nous fournit de plus, implicitement, une division de la condition en deux espèces; car, ou cet événement futur et incertain est considéré comme suspendant l'existence même d'un droit, et alors la condition est appelée *suspensive* ; ou bien il est considéré comme devant résilier un droit actuellement existant, et alors la condition est dite *résolutoire*.

Le Code divise ensuite expressément les conditions en casuelles, potestatives et mixtes, dans les art. 1169, 70, 71.

La condition *casuelle* est celle qui dépend du hasard et qui n'est nullement au pouvoir du créancier ni du débiteur.

La condition *potestative* est celle qui fait dépendre l'exécution de la convention d'un événement qu'il est au pouvoir de l'une ou de l'autre des parties contractantes de faire arriver ou d'empêcher.

Enfin, la condition *mixte* est celle qui dépend tout à la fois de la volonté d'une des parties et de la volonté d'un tiers.

Nous n'insisterons pas sur cette division qui ne nous paraît pas présenter une grande utilité. Nous trouvons cependant dans la loi même une application de la condition potestative. L'article 1174 nous dit, en effet, que l'obligation contractée sous une condition potestative de la part de celui qui s'oblige est nulle.

Cette disposition est trop absolue. Il y a deux sortes de conditions potestatives : la première, que nous pouvons appeler *purement potestative*, est cette condition qui non-seulement dépend de la volonté, mais qui consiste dans cette volonté, dont l'exécution ou l'inexécution résulteront du seul caprice ; la seconde, prévue par l'art. 1170, dépend bien, il est vrai, de la volonté, mais elle dépend aussi d'un événement. Or, le débiteur, entre les mains duquel est ce pouvoir de faire arriver ou d'empêcher cet événement, n'aura-t-il pas peut-être à s'imposer des sacrifices pour échapper à son obligation ; mille circonstances ne pourront-elles pas le priver de ce pouvoir? Aussi, ne peut-on plus dire qu'ici l'obligation est pleinement potestative; elle est potestative, mais potestative casuelle : c'est à la première seulement que s'applique l'art. 1174.

D'après l'art. 1172, la condition impossible, contraire aux bonnes mœurs ou illicite, est nulle. Cette règle est trop générale, car la condition se divise encore en positive et négative, et il ne serait pas vrai de dire que toute condition, soit positive, soit négative, ayant pour objet une chose impossible, immorale ou illicite, rende nulle la convention à laquelle elle accède ; et le Code l'a bien reconnu, puisqu'il ajoute dans l'article 1173, mais seulement quant au premier des trois objets ci-dessus : « La condition de ne pas faire une chose impossible ne rend pas nulle l'obligation contractée sous cette condition. »

Nous venons de dire que non-seulement la condition d'une chose impossible, immorale ou illicite, est nulle, mais qu'elle rend aussi nulle la convention qui en dépend. Nous savons, au contraire, que dans les testaments et les donations, une pareille condition est réputée non écrite, que le vice dont elle est infectée n'entraîne point la nullité du legs ou de la donation qui lui est subordonnée. La raison que l'on a donnée de cette différence, c'est que le testament étant l'œuvre de la seule volonté du testateur, ce serait punir le légataire d'une faute qu'il n'a pu empêcher, qu'annuler la libéralité à lui faite ; que, sinon en droit, du moins en fait, la donation est aussi l'œuvre du donateur seul, et que le donataire n'a pas une volonté assez indépendante pour s'opposer aux conditions que le donateur croit devoir mettre à sa donation ; que dans les contrats à titre onéreux, au contraire, chaque partie a une volonté libre et est coupable d'avoir accepté des conditions impossibles, immorales ou illicites.

Mais, ces raisons ne peuvent justifier la loi à nos yeux. Nous pensons que la disposition de l'art. 900 a été empruntée au droit romain, où elle n'existait même que quant aux testaments, mais où elle avait au moins une cause équitable ; et que nos législateurs, après l'avoir empruntée, quant aux testaments, l'ont ajoutée pour les donations dans le même article, parce qu'ils traitaient sous le même titre de ces deux objets.

Il importe de distinguer dans la pratique les conditions dont nous venons de parler d'avec de simples clauses nulles, qui ne vicieraient pas la convention en vertu de cette règle : *Utile per inutile non vitiatur*.

Il y a des conditions expresses ou formelles et des conditions tacites. Ces dernières sont toujours, et pour un cas particulier, renfermées dans les contrats synallagmatiques : nous en parlerons bientôt. Quant aux premières, l'art. 1175 édicte cette règle, que toute condition doit être accomplie de la manière que les parties ont vraisemblablement voulu et entendu qu'elle le fût; la recherche de l'intention probable des parties devra donc avant tout guider les juges dans leurs décisions.

Cette règle va trouver sa place dans l'explication des articles suivants.

Lorsqu'une obligation est contractée sous la condition qu'un événement arrivera dans un temps fixe ; cette condition est censée défaillie, lorsque le temps est expiré sans que l'événement soit arrivé. S'il n'y a point de temps fixé, la condition peut toujours être accomplie, et elle n'est censée défaillie que lorsqu'il est devenu certain que l'événement n'arrivera pas (art. 1176). Lorsqu'une obligation est contractée sous la condition qu'un événement n'arrivera pas dans un temps fixe, cette condition est accomplie lorsque ce temps est expiré sans que l'événement soit arrivé ; elle l'est aussi, si avant le terme il est certain que l'événement n'arrivera pas ; et s'il n'y a pas de temps déterminé, elle n'est accomplie que lorsqu'il devient certain que cet événement n'arrivera pas (art. 1177). Ces règles manquent un peu de vérité, et nous devons les corriger par l'art. 1175 précité; car si, dans le cas de la seconde phrase de l'art. 1176, nous supposons une condition positive, potestative de la part de l'une des parties, sans qu'il ait été fixé de délai pour son accomplissement, les juges ne pouvant penser que l'autre partie a eu l'intention de rester dans une incertitude perpétuelle sur le sort de l'obligation, devront fixer sur sa demande un délai, après lequel la condition ne pourra plus être utilement accomplie.

L'art. 1178 ajoute : La condition est réputée accomplie lorsque c'est le débiteur, obligé sous cette condition, qui en a empêché l'accomplissement. Mais il serait raisonnable et juste qu'il en fût autrement, si, en empêchant la condition de se réaliser, le débiteur n'a fait qu'exercer un droit, ou même n'a été que l'occasion involontaire de ce non accomplissement, comme le disait Pothier.

La condition accomplie a un effet rétroactif au jour du contrat; les choses se passent alors comme si l'engagement avait été pur et simple, *ab initio*. Ce principe, quoiqu'écrit sous le titre des obligations, s'applique aux droits réels conditionnels, où il rencontre même de bien plus fréquentes applications. Remarquons, à ce sujet, que quand il s'agit de transports de droits réels, la condition dont on fait dépendre l'existence du droit pour l'une des parties, emporte toujours la condition contraire pour l'autre partie; de telle sorte que si l'acquéreur de ce droit réel l'obtient sous condition suspensive, le vendeur le conserve sous condition résolutoire, et *vice versa*.

Le décès du créancier avant l'accomplissement de la condition n'empêche pas que ses droits ne passent à ses héritiers (art. 1179). L'article 1040, au contraire, nous dit que, dans les legs conditionnels, le droit ne passe pas aux héritiers du légataire, décédé avant l'accomplissement de la condition. La différence entre ces deux effets provient de ce que celui qui contracte est toujours censé stipuler pour lui et pour ses héritiers, tandis que les dispositions testamentaires, faites ordinairement en considération de la personne, ne permettent pas par leur nature de supposer au testateur l'intention de faire une libéralité à d'autres que celui qu'il a seul en vue.

Avant que la condition soit accomplie, le créancier peut exercer tous les actes conservatoires de son droit, quoiqu'il ne soit pas certain de pouvoir jamais exiger l'objet du contrat. Il peut, par exemple, faire inscrire l'hypothèque qui lui a été conférée pour garantie de sa créance. Nous admettons même qu'il peut dans ce cas se faire colloquer à son rang sur le prix de l'immeuble, mais provisoirement, bien entendu. Il ne touchera pas évidemment, puisque son droit n'est pas ouvert, et ne le sera peut-être jamais; mais ou les fonds seront déposés jusqu'à l'événement de la condition, ou bien encore les créanciers subséquents pourront toucher le montant de sa collocation en donnant caution de le rendre et restituer au créancier conditionnel colloqué avant eux, dans le cas où la condition viendrait à se réaliser.

DE LA CONDITION SUSPENSIVE.

Nous avons défini la condition suspensive, en vertu de l'article 1168, l'événement *futur et incertain* dont on fait dépendre l'existence de l'obligation. Si cet événement n'était pas incertain mais seulement futur, l'obligation ne serait pas conditionnelle, et la condition (la mort d'une personne par exemple) ne serait, à vrai dire, qu'un terme. Si l'événement n'est pas futur, mais seulement incertain, l'obligation existe du jour même du contrat, ou n'a jamais existé, le tout indépendamment de l'ignorance des parties. Il nous semble donc que c'est à tort que l'art. 1181 nous vient dire que la condition suspensive peut consister en un événement actuellement arrivé, mais encore inconnu des parties. Signalons encore une inexactitude dans ce même article, dont le deuxième alinéa dit que, dans le cas d'une obligation sous condition suspensive, l'obligation ne peut être *exécutée* qu'après l'événement. Cet effet est vraiment celui de l'obligation à terme, qui, comme nous le verrons plus loin, ne peut s'exécuter avant l'époque fixée, mais non celui de l'obligation sous condition suspensive, qui non-seulement ne pourra être exécutée, mais qui même *n'existe* qu'autant que l'événement s'accomplira.

Lorsque l'obligation a été contractée sous une condition suspensive, la chose qui fait la matière de la convention demeure aux risques du débiteur, qui ne s'est obligé de la livrer que dans le cas de la réalisation de la condition ; si la chose est entièrement périe sans la faute du débiteur, l'obligation est éteinte (art. 1182, § 1 et 2).

En effet, tant que la condition n'est pas accomplie, le créancier n'a pas encore la propriété de la chose qui lui a été promise, il n'a que l'espérance de l'avoir : il est donc naturel que si la chose périt, elle périsse pour le débiteur qui en est encore propriétaire. Ainsi donc, si la condition se réalise après la perte de la chose, le débiteur n'est plus tenu de la livrer puisqu'elle n'existe pas ; mais le créancier n'est pas non plus tenu de payer le prix, car il ne l'avait promis qu'en retour d'un droit de propriété qu'il n'a pas acquis. L'obligation du débiteur de la chose ne peut pas *naître* faute d'objet (et c'est à tort que notre article dit qu'elle est *éteinte*); celle du créancier n'a pas pu naître faute de cause.

Passons aux autres paragraphes de ce même article 1182, c'est-à-dire au cas où la chose s'est seulement détériorée.

Lors même que cette détérioration est arrivée sans la faute

du débiteur, la loi accorde au créancier le droit, ou de résoudre l'obligation, ou d'exiger la chose dans l'état où elle se trouve. Cette faculté donnée au créancier de pouvoir résoudre un contrat, lors duquel il devait bien prévoir que la chose était susceptible de détériorations fortuites, est une faveur peu fondée. Le créancier pourra forcer le débiteur à exécuter le contrat, si la chose a augmenté de valeur, a reçu des accroissements, et il pourra le dissoudre dans le cas contraire, sans qu'il soit intervenu la moindre faute de la part du débiteur ! A la vérité, les chances d'améliorations sont bien moins nombreuses dans l'ordre des choses que les chances de détériorations. Mais les unes et les autres ne peuvent-elles pas entrer naturellement dans la prévision de ceux qui contractent? Au moins, en créant cette faveur pour le créancier, la loi aurait-elle dû être conséquente avec elle-même, en en accordant une pareille au débiteur, pour le cas d'améliorations. En résumé, nous ne pouvons pas justifier la loi, et pour ne pas aller contre ses termes formels, il nous semble qu'en pratique, si les détériorations ne sont pas importantes, l'on ne devra pas facilement permettre au créancier d'user de la faculté que notre article lui accorde.

Si la chose s'est détériorée par la faute du débiteur, rien de plus juste que ce droit que donne au créancier le dernier paragraphe de notre article, de résoudre l'obligation, ou d'exiger la chose dans l'état où elle se trouve, avec des dommages-intérêts.

DE LA CONDITION RÉSOLUTOIRE.

La condition résolutoire est celle qui tient en suspens, non plus les effets du contrat, mais leur révocation. Lorsqu'elle s'accomplit, elle opère la résiliation de l'obligation, et remet les choses au même état que si l'obligation n'avait pas existé. Le créancier est alors tenu de restituer ce qu'il a reçu, et s'il n'a pas reçu la chose, il ne peut l'exiger.

L'obligation contractée sous une condition résolutoire n'est pas, à proprement parler, conditionnelle. La condition tombe plutôt sur la résolution du droit que sur le droit lui-même; le droit résultant de l'obligation est pur et simple, c'est la résolution qui est conditionnelle; et cela est même nécessaire, car pour que ce droit puisse être résolu, il faut bien qu'il existe, et s'il existe dès à présent, il n'est pas en réalité conditionnel. Si l'on a rangé l'obligation sous condition résolutoire au nombre des obligations conditionnelles, c'est que, toute condition étant rétroactive, et la résolution conditionnelle faisant considérer, quand elle s'accomplit, l'obligation comme n'ayant jamais existé, la condition, qui porte sur la résolution du droit, porte aussi nécessairement sur le droit lui-même.

Il y a deux espèces de conditions résolutoires, celle qui a lieu de plein droit, et celle qu'on peut appeler facultative et qui ne peut pas être invoquée par toutes les parties. La première peut être stipulée formellement par les parties, comme elle peut être présumée par la loi; il est des cas où la loi l'impose irrévocablement, des cas où elle la défend.

La seconde, celle de l'art. 1184, est, dit cet article, toujours sous-entendue dans les contrats synallagmatiques pour le cas où l'une des deux parties ne satisfera pas à son engagement. La partie envers laquelle l'engagement n'a pas été exécuté a le choix ou de forcer l'autre à l'exécution de la convention, lorsqu'elle est possible, ou d'en demander la résolution avec dommages-intérêts. Mais cette résolution n'a pas lieu par le seul fait de l'inexécution de l'engagement, elle doit être demandée en justice, et suivant le principe écrit dans l'art. 1244, les juges peuvent accorder au défendeur un délai selon les circonstances.

Pareille question à celle que nous avons vue plus haut décidée par le Code pour la condition suspensive, se présente ici pour la condition résolutoire, la question des risques ; mais le Code n'en parle pas et l'on se demande pour qui périt la chose, pour qui elle se détériore, *pendente conditione*? Toute condition résolutoire renferme en elle-même une condition suspensive, l'acquéreur sous condition résolutoire est réellement débiteur sous condition suspensive, il est donc tenu des risques ; si la chose est périe, quand la condition vient à se réaliser, son obligation de la restituer est éteinte ; si la chose s'est détériorée sans sa faute, le vendeur a le droit ou de la reprendre en rendant le prix, ou de la laisser à l'acheteur et de garder le prix.

Bien entendu si la chose périt, sans que la condition s'accomplisse jamais, la perte en est pour le propriétaire, c'est-à-dire pour l'acheteur ; et de même, si elle périt après la réalisation de la condition résolutoire, la perte est aussi pour le propriétaire, c'est-à-dire pour le vendeur.

Il importe de remarquer en finissant qu'en matière de droits réels, la résolution résultant soit de la condition tacite de l'article 1184, soit d'une clause expresse des parties, a son effet contre les tiers acquéreurs, et contre tous ceux qui auraient obtenu un droit quelconque sur l'immeuble, *soluto jure dantis, solvitur jus accipientis*.

DES OBLIGATIONS A TERME.

Le terme est l'époque à laquelle il a été convenu que le débiteur satisfera à son obligation. Il diffère de la condition, en ce qu'il ne suspend point les effets du contrat, dont il retarde seulement l'exécution. L'obligation à terme a donc immédiatement son existence réelle, et c'est à tort que l'on dit parfois : qui a terme ne doit rien. Le débiteur à terme ne jouit que de ce bénéfice que sa dette ne peut pas être exigée avant l'échéance du terme; mais il doit, et doit actuellement, au point que ce qu'il a payé d'avance, dit l'art. 1186, il ne peut le répéter. N'admettons toutefois cette dernière proposition que dans le cas où le payement avant le terme a été fait par le débiteur en connaissance de cause; car s'il l'a fait par erreur et sans entendre ainsi renoncer tacitement au bénéfice du terme, n'est-il pas vrai de dire qu'il a payé plus qu'il ne devait, puisqu'il perd les intérêts de ce qu'il a payé, ou la jouissance de la chose qu'il a livrée, jusqu'au jour du terme; nous lui accorderons donc dans ce dernier cas le droit de répéter. S'il en était autrement en droit romain, c'est que la *condictio indebiti* était de droit strict; le terme ne suspendant que l'exécution de la dette et non son existence, cette dette venant à être payée était considérée comme bien et dûment payée.

L'utilité de la distinction entre le terme et la condition apparaît surtout dans la question des risques; l'acquéreur à terme, dit l'art. 1138, est propriétaire, et la chose est à ses risques; l'acquéreur sous condition, au contraire, laisse, ainsi que nous l'avons vu plus haut, les risques à la charge de son vendeur.

En principe le terme est présumé stipulé en faveur du débiteur, quand le contraire n'a pas été convenu; c'est une application de cette règle de l'art. 1162, que le doute s'interprète toujours en faveur du débiteur; toutefois même en l'absence de convention sur ce point, la nature du contrat ou les circonstances peuvent montrer suffisamment que le terme a été stipulé en faveur du créancier.

On distingue deux sortes de termes, le terme *de droit* et le terme *de grâce*. Le premier est celui dont nous venons de parler, qui résulte de la convention expresse ou tacite des parties; le second est celui que l'art. 1244 permet aux juges d'accorder au débiteur. Cette distinction est utile au point de vue de la perte du droit infligée en certains cas par la loi. Tous les événements qui font perdre le terme de droit font également perdre le terme de grâce ; ainsi, le débiteur ne peut plus réclamer le bénéfice du terme, lorsqu'il a fait faillite (effet que nous croyons devoir étendre *a fortiori* à la déconfiture), ou lorsqu'il a, par son fait, diminué les sûretés qu'il avait par le contrat données (ou promises, art. 1912) à son créancier; s'il a par exemple dégradé l'immeuble qu'il lui avait hypothéqué. Mais certains faits peuvent faire perdre le terme de grâce sans enlever le bénéfice du terme de droit; le Code de procédure nous dit en effet, et seulement quant au terme de grâce, que le débiteur en est déchu, lorsque ses biens sont saisis à la requête d'autres créanciers, lorsqu'il est en état de contumace, ou qu'il est constitué prisonnier.

Dans le cas où ce n'est pas par le fait du débiteur, mais par cas fortuit, que les sûretés données au créancier se trouvent anéanties ou diminuées, la loi se montre assez sévère pour le débiteur, en autorisant le créancier (art. 2131) non-seulement à obtenir un supplément de garantie, mais même à poursuivre dès à présent son remboursement.

DES OBLIGATIONS ALTERNATIVES.

L'obligation alternative est celle qui présente plusieurs objets, par la prestation de l'un desquels le débiteur peut se libérer. Nous disons prestation, car l'un de ces objets ou chacun d'eux peut être, non-seulement, d'après le Code, la délivrance d'une chose, mais l'accomplissement ou l'abstention d'un fait.

Le choix entre ces objets appartient au débiteur, s'il n'a pas été expressément accordé au créancier (art. 1190). C'est une nouvelle application à signaler de ce principe, que dans le doute la convention s'interprète en faveur du débiteur.

Il n'est pas permis au débiteur de proposer une partie d'un

mode d'exécution et une partie de l'autre ; mais l'art. 1191 qui l'établit, n'a statué que *de eo quod plerumque fit*, et il faut étendre cette règle au créancier, qui ne pourra pas davantage exiger, si le choix lui appartient, une partie de l'une des choses et une partie de l'autre. Dans ces deux cas, il en sera de même pour les héritiers du débiteur ou du créancier ; chacun, sans doute, suivant le droit commun, ne sera tenu que pour sa part, ou ne pourra exiger que sa part ; mais les héritiers de l'un, les héritiers de l'autre, devront s'entendre sur la prestation d'un seul et même objet parmi ceux qui sont compris dans l'obligation.

Lorsque l'une des choses promises ne peut pas faire la matière d'une obligation, c'est-à-dire lorsqu'elle est illicite, n'existe pas, ou n'est pas dans le commerce, l'obligation est restreinte à l'autre chose promise, elle est pure et simple, dit l'art. 1192, quoique contractée d'une manière alternative. Toutefois, il est ici du devoir des juges d'examiner si la forme alternative n'a pas été employée par les parties dans le but de cacher une obligation nulle avec accession d'une clause pénale qu'elle rendrait nulle également.

Passons maintenant aux effets de la perte des choses ou de l'une des choses dues sous une alternative.

Le Code, dans les art. 1193 et 1194, règle ces effets en distinguant d'abord si le choix a été laissé au débiteur, ou s'il a été accordé au créancier.

Dans le premier cas, si l'une des choses périt ou ne peut plus être livrée, même par la faute du débiteur, l'obligation devient pure et simple, elle se réduit à la chose qui reste ; le prix de la chose qui a péri ne peut pas être offert à sa place, puisque l'obligation peut encore être pleinement exécutée avec la chose qui reste, et que, le choix appartenant au débiteur, il était libre de disposer d'une des deux choses, l'autre restant affectée à l'acquittement de l'obligation.

L'obligation devenant pure et simple dans le cas qui précède, il semblerait que la perte *par cas fortuit* de la chose à laquelle elle est restreinte, devrait libérer le débiteur, lors même que la perte de la première chose fût arrivée par sa faute. Cependant l'art. 1193, deuxième alinéa, nous dit que si les deux choses sont péries, et si le débiteur est en faute à l'égard de l'une d'elles, il doit payer le prix de celle qui a péri la dernière. La loi a décidé ainsi, parce qu'elle n'a pas voulu qu'il fût permis au débiteur de transformer l'obligation alternative en obligation pure et simple au préjudice du créancier, et qu'elle a supposé au débiteur qui fait périr l'un des objets par sa faute l'intention de prendre par là même à sa charge les cas fortuits relativement à celui qui reste. Seulement la loi aurait dû accorder, pour être plus équitable, au créancier, non le prix de la dernière chose (périe par cas fortuit), mais le prix de la première (périe par la faute du débiteur).

La décision de la loi est, au contraire, fort juste, quand la première chose a péri par cas fortuit, et la seconde par la faute du débiteur, ou encore quand les deux choses ont péri par cette même faute.

Dans le deuxième cas, c'est-à-dire lorsque le choix a été déféré par la convention au créancier : ou l'une des choses seulement a péri, et alors, si c'est sans la faute du débiteur et avant qu'il soit en demeure, le créancier doit avoir celle qui reste ; si le débiteur est en faute, le créancier peut demander la chose qui reste ou le prix de celle qui a péri ; ou les deux choses ont péri, et alors, si elles ont péri toutes deux par la faute du débiteur, le créancier peut demander le prix de l'une ou de l'autre, à son choix (art. 1194). Mais cet article applique cette dernière règle au cas où le débiteur n'est en faute qu'à l'égard de l'une des deux choses péries : cette application est peu conforme aux principes. Quel dommage le débiteur a-t-il causé au créancier? Il consiste simplement dans la perte de la chose arrivée par sa faute. Il serait donc plus équitable, dans ce dernier cas, de ne pas accorder d'autre prix au créancier que le prix de la chose qui a péri par la faute du débiteur.

Si les deux choses ont péri sans la faute du débiteur, et avant sa demeure, l'obligation est éteinte, conformément à l'art. 1302 (1195).

On peut mettre les obligations alternatives en regard d'autres espèces d'obligations, des obligations conjonctives, par exemple. Il suffit, du reste, de définir ces dernières, pour que la différence avec les premières soit facile à voir. L'obligation conjonctive est celle qui comprend plusieurs objets, et qui n'est complétement éteinte que par la prestation totale de tous et de chacun de ces objets.

Comparons aussi à l'obligation alternative l'obligation facultative, qui a avec elle plus de similitude. L'obligation est facultative, quand le débiteur a la faculté de se libérer en payant une autre chose que celle qu'il doit. Ici, à la différence de l'alternative, il n'y a pas deux choses *in obligatione*, deux choses faisant directement l'objet de l'obligation, il n'y en a qu'une; la seconde chose n'est qu'un mode supplémentaire d'acquittement, la seconde chose n'est pas *in obligatione*, elle est *in solutione tantum, in facultate solutionis*, d'où le nom de *facultatives* donné à cette espèce d'obligations.

De ce que l'obligation facultative n'a qu'un seul objet, il résulte : 1° que si la chose qui est *in obligatione* ne peut faire l'objet d'une obligation valable, l'obligation est nulle pour le tout; tandis que, dans une alternative, le vice de l'une des choses n'empêche pas l'obligation de porter sur l'autre; 2° que si cette même chose périt par cas fortuit, l'obligation est éteinte; il en est autrement, ainsi que nous l'avons vu, dans l'alternative; 3° que dans l'obligation facultative, tout est fixé *a priori :* une seule chose est due, l'autre n'étant qu'un mode de libération ; la nature mobilière ou immobilière de la dette est donc déterminée dès à présent ; dans l'alternative, au contraire, le payement seul fixera la nature de l'obligation, puisqu'on ne peut savoir à l'avance la chose qui sera payée par le débiteur ou choisie par le créancier ; 4° enfin, le créancier n'a ici qu'une chose à demander, celle qui est *in obligatione*, et au débiteur seul appartient la faculté de se libérer en livrant la chose qui est *in facultate solutionis* ; dans l'alternative, le créancier doit demander simplement l'une ou l'autre chose, mais il ne peut préciser l'une des deux, à moins que le choix ne lui ait été réservé.

Nous aurons à comparer dans la section suivante les mêmes obligations alternatives avec les obligations à clause pénale.

DES OBLIGATIONS AVEC CLAUSE PÉNALE.

La clause pénale est en quelque sorte une estimation anticipée et conventionnelle des dommages-intérêts que le débiteur devra payer au créancier, soit pour le défaut d'exécution de l'obligation, soit pour le simple retard dans l'exécution. Elle tient lieu de ces dommages-intérêts, elle en est la compensation (1229) : c'est un forfait entre les parties, qui a pour but de prévenir les difficultés qui pourraient s'élever sur la fixation des dommages-intérêts. Aussi croyons-nous devoir décider que les juges ne peuvent diminuer, sur la demande du créancier, le montant de la clause pénale, sous le prétexte qu'il serait excessif ; et sans parler de l'art. 1152, qui nous autorise à penser ainsi, ne sommes-nous pas fondés à dire qu'ici surtout la convention des parties doit faire loi suprême et irrévocable entre elles. Toutefois, en présence de la loi du 3 septembre 1807, nous devons décider que l'art. 1152 n'est pas applicable au cas où, dans une obligation de somme d'argent, les parties ont stipulé que le retard dans le payement donnerait lieu à une peine excédant l'intérêt légal ; une pareille clause devrait être considérée comme usuraire et réduite au taux légal.

Nous nous sommes réservés de comparer l'obligation alternative avec l'obligation à clause pénale.

L'art. 1227 nous donne, entre ces deux espèces d'obligations, une différence qui tient à leur nature même. L'obligation pénale est toujours secondaire et conditionnelle ; c'est un pur accessoire de l'obligation principale ; aussi la nullité de cette dernière entraîne celle de la clause pénale, tandis que dans l'obligation alternative le même effet ne se rencontre pas. Cependant la nullité de l'obligation principale n'entraîne pas celle de la clause pénale, lorsque cette clause est l'accessoire d'une obligation qui a tous les éléments nécessaires pour valoir, sauf l'absence d'intérêt chez le créancier, parce que la clause pénale est alors ajoutée précisément pour déterminer cet intérêt. Bien entendu, la nullité de la clause pénale n'entraîne pas celle de l'obligation principale dont elle n'est qu'un accessoire.

L'obligation avec clause pénale diffère aussi de l'obligation facultative, en ce que, dans la première, le débiteur ne peut à son gré se libérer en payant le montant de la clause pénale, que le créancier seul a la faculté d'exiger en cas d'inexécution de l'obligation. Nous disons que c'est pour le créancier une faculté ; car, au lieu de demander la peine stipulée contre le débiteur qui est en demeure, l'art. 1228 lui accorde formellement le droit de poursuivre l'exécution de l'obligation principale, et cette faculté ne cesse que dans le cas où l'obligation principale est une obligation de faire qui se résout forcément en dommages-intérêts.

Plusieurs conséquences se tirent du principe que la clause est la compensation des dommages-intérêts que le créancier souffre de l'inexécution de l'obligation principale. Ainsi, le créancier ne peut demander en même temps le principal et la peine, à moins qu'elle n'ait été stipulée pour le simple retard, ce qui, à défaut de convention spéciale qui décèle l'intention des contractants, pourra se reconnaître au montant plus ou moins élevé de la clause; si celle-ci est à peu près égale à l'obligation principale, il est à présumer qu'elle a été stipulée en vue de l'inexécution ; que si elle est de beaucoup inférieure, il est probable qu'elle n'a été stipulée qu'en vue du retard.

Que l'obligation primitive contienne ou non un terme dans lequel elle doive être accomplie, la peine n'est encourue que lorsque le débiteur est en demeure. La demeure résulte, dans les obligations à terme, d'une sommation ou tout autre acte équivalent, comme une demande en justice ; soit de la convention elle-même, lorsqu'il a été dit que, sans qu'il soit besoin d'acte et par la seule échéance du terme, le débiteur sera en demeure. Dans les obligations sans terme, il faut, outre la sommation, que le débiteur manque d'exécuter dans le délai matériellement nécessaire, pour exécuter l'obligation.

La peine peut être modifiée par le juge, lorsque l'obligation principale a été exécutée en partie; mais en exerçant ce pouvoir, le juge doit examiner si l'exécution partielle a été utile au créancier, car, dans le cas où cela ne serait pas, la peine devrait être poursuivie en totalité.

Ici nous avons à nous demander si les délais de grâce accordés au débiteur suspendent l'effet de la clause pénale? Nous ne le pensons pas; la peine, suivant nous, est encourue par l'expiration du délai dont les parties sont convenues entre elles ; s'il en était autrement, le juge ravirait ainsi au créancier un droit acquis, en violant l'intention positive des contractants, qui fait entre elles première loi.

Examinons maintenant, et en finissant, quels sont les effets de la clause pénale à l'égard des héritiers du débiteur. Ces héritiers, auxquels l'obligation du défunt est transmise avec tous ses accessoires, encourent comme lui, en cas d'inexécution, la peine stipulée. Et pour régler de quelle manière ils sont tenus vis-à-vis du créancier, le Code distingue si l'obligation primitive est indivisible ou divisible.

Si l'obligation est indivisible, la clause pénale l'est également, et la peine est encourue par la contravention d'un seul des héritiers du débiteur; celui-ci en est tenu pour la totalité, et chacun des cohéritiers pour leur part et portion, et hypothécairement pour le tout, sauf leur recours contre celui qui a fait encourir la peine. Il eût été plus juste de décider, conformément au principe établi par l'art. 1147, que les cohéritiers ne devraient, en ce cas, être aucunement tenus, car la faute de celui qui a fait encourir la peine provient pour eux d'une cause étrangère qui ne peut leur être imputée.

Si l'obligation est divisible, la peine l'est aussi, et n'est encourue que par celui des héritiers du débiteur qui contrevient à l'obligation, et pour sa part seulement, sans action contre les autres.

Toutefois, il en est autrement lorsque la clause, ayant été ajoutée dans le but d'empêcher un payement partiel, un cohéritier a empêché l'exécution de l'obligation pour la totalité. En ce cas, la peine entière peut être exigée contre lui et contre les autres cohéritiers pour leur part et portion seulement, sauf leur recours (1233). Ainsi, et pour donner un exemple, une personne s'engage à me livrer un fonds *en entier* sous une clause pénale; elle décède et laisse deux héritiers; l'un d'eux me cède sa portion, le second refuse de me livrer la sienne; l'obligation n'étant pas pleinement exécutée, la peine peut être exigée contre le second héritier pour le tout, contre le premier, pour la portion, sauf son recours contre son cohéritier.

POSITIONS.

I. La différence entre l'effet de la condition impossible dans les testaments et donations, et celui qu'elle produit dans les obligations, peut-elle se justifier? — Non.

II. La condition de ne pas faire une chose immorale ou illicite est-elle toujours nulle, rend-elle toujours nulle la convention qui en dépend? — Non.

III. L'obligation qui dépend d'un événement actuellement arrivé, mais encore inconnu des parties, est-elle, comme le dit l'art. 1181, une obligation conditionnelle? — Non.

IV. La rétroactivité de la condition s'applique-t-elle aux fruits perçus *pendente conditione?* — Non.

V. Lorsque la chose périt après le contrat fait sans condition résolutoire, mais avant que la condition soit accomplie, pour lequel du vendeur ou de l'acquéreur périt-elle, si la condition vient ensuite à se réaliser? — Pour l'acquéreur sous condition résolutoire.

VI. Le débiteur à terme qui a payé par oubli ou par ignorance avant l'échéance du terme ne peut-il pas répéter la somme qu'il a payée ou en demander les intérêts jusqu'au jour du terme? — Il le peut.

VII. La déconfiture du débiteur et le défaut des sûretés par lui *promises* le font-ils déchoir du bénéfice du terme comme la faillite et la diminution des sûretés *données?* — Oui.

VIII. Dans une obligation avec clause pénale, le montant de la peine peut-il être diminué ou augmenté par le juge? — Non.

IX. La nullité de l'obligation principale entraîne-t-elle toujours celle de la clause pénale? — Non.

X. Les délais de grâce accordés au débiteur suspendent-ils l'effet de la clause pénale? — Non.

Vu par le Président de la thèse,
DE PORTETS.

par le Doyen,
C.-A. PELLAT.

www.ingramcontent.com/pod-product-compliance
Lightning Source LLC
Chambersburg PA
CBHW060529050426
42451CB00011B/1726